MES ÉPHÉMÉRIDES.

A mes Amis du Caveau.

MES
ÉPHÉMÉRIDES,

CHANSONS.

VEÏSSIER DESCOMBES.

> Dulce est decipere in loco.
> H.

PARIS,
IMPRIMERIE DE MOQUET ET HAUQUELIN,
RUE DE LA HARPE, 90.

1843

LES BEAUX JOURS DU CAVEAU.

Les Beaux Jours du Caveau.

Air : Je suis Français, mon pays avant tout.

Si l'on en croit plus d'un octogénaire,
Vieux chansonnier réduit à l'orémus,
Depuis longtemps le couplet dégénère,
Le talent fuit le temple de Momus ;
Et loin de vous quand sa Muse stérile
N'a pu trouver quelque sujet nouveau,
Il dit tout bas, pour épancher sa bile,
Ils ne sont plus les beaux jours du caveau.

Amis, jamais votre brillante étoile,
Qui fait pâlir tant d'obscurs envieux,
A nos regards n'est couverte d'un voile ;
L'aveugle seul ne la voit point aux cieux.
Rien ne vieillit dans la France immortelle ;
Lorsqu'un instant s'éteint votre flambeau,
Soudain jaillit une flamme nouvelle,
Et nous avons les beaux jours du caveau.

Ils ne sont plus, ces temps où la folie
Seule aux Français inspirait la chanson;
Où nos aïeux, tout barbouillés de lie,
Dans leurs couplets égaraient la raison ;
Vos chants joyeux, dominant la victoire,
Aux bords du Rhin guidaient le vieux drapeau ;
Ils sont inscrits au temple de mémoire ;
N'avons-nous pas les beaux jours du caveau ?

La Lyre aussi de chêne est couronnée,
Au dithyrambe elle emprunte le ton ;
Elle connaît sa vieille destinée ;
Sa voix espère un autre Marathon ;
Du bon Vadé la guirlande frivole
Ne saurait plus lui servir de bandeau ;
De la patrie elle ceint l'auréole :
N'avons-nous pas les beaux jours du caveau ?

Vos devanciers, par leur fécond génie,
Du vaudeville ont accru les trésors ;
Leurs vers joyeux coulaient pleins d'harmonie;
Toujours Bacchus soutenait leurs efforts.
Parfois l'amour aiguillonnait leur verve,
Momus aussi défrichait le coteau ;
Vous, à ces dieux vous avez joint Minerve :
N'avons-nous pas les beaux jours du caveau ?

Ne croyez pas que la fière déesse
Ait toujours l'air de la sombre Pallas ;
Avec les siens elle est bonne princesse,
Et sans rougir montre tous ses appas ;
Au cabaret, quand sa pudeur sommeille,
De Diogène elle prend le manteau ;
Mais Béranger aussitôt la réveille ;
N'avons-nous pas les beaux jours du caveau ?

Rendons justice au talent de nos pères ;
De leur savoir nous avons des témoins ;
Ils chantaient bien, remplissaient mieux leurs verres;
Vous chantez mieux et ne buvez pas moins.
Ils chantaient bien !... mais leur muse féconde
Pour son trépied choisissait un tonneau ;
En l'égayant vous instruisez le monde :
N'avons-nous pas les beaux jours du caveau ?

JE SUIS GARÇON.

Je suis Garçon.

Air : Mon Galoubet.

Je suis garçon, je suis garçon,

Toujours franc, joyeux et bon drille,

En tout lieu je fais ma moisson;

Si je vois une jeune fille,

Je lui dis, lorsqu'elle est gentille :

Je suis garçon, je suis garçon.

Je suis garçon, je suis garçon,
Mais dans mon lit, Dieu me pardonne,
Je reste froid comme un glaçon :
La nuit quand l'amour me talonne,
Ma main ne rencontre personne :
Je suis garçon, je suis garçon.

Je suis garçon, je suis garçon,
Sans crainte je file ma trame ;
Au loin je jette l'hameçon :
Si contre moi quelqu'un réclame,
Qu'il se venge donc sur ma femme,
Je suis garçon, je suis garçon.

Je suis garçon, je suis garçon,

Toujours léger est mon bagage;

Et comme le colimaçon,

Lorsque je me mets en voyage,

Je porte avec moi mon ménage ;

Je suis garçon, je suis garçon.

Je suis garçon, je suis garçon,

Si quelque jour, par aventure,

Grandit un fils de ma façon,

Il dira : Grâce à la nature,

Comme mon père, je le jure,

Je suis garçon, je suis garçon.

Je suis garçon, je suis garçon,
De tout mon bien seul je dispose,
Seul, je puis grever ma maison ;
Et, s'il m'en reste peu de chose,
J'en ai bu la plus forte dose ;
Je suis garçon, je suis garçon.

Je suis garçon, je suis garçon,
Et quand ma servante mutine
Ne se met pas à l'unisson,
Croyez-vous que je me chagrine ?
Je vais souper chez ma voisine ;
Je suis garçon, je suis garçon.

Je suis garçon, je suis garçon,
Soyez proscrits sans qu'on vous juge ;
Qu'on vous arrache la toison :
Que me faut-il ? un seul refuge ;
Après moi vienne le déluge,
Je suis garçon, je suis garçon.

—◦§§◦—

Je suis garçon, je suis garçon,
Par un amoureux artifice,
Nul n'a barré mon écusson :
Je puis me passer un caprice ;
A d'autres les mois de nourrice !
Je suis garçon, je suis garçon.

Je suis garçon, je suis garçon,

Mais quand viendra ma dernière heure,

De ma tige dernier tronçon,

Auprès de ma sombre demeure,

Aurai-je un seul ami qui pleure?

Je suis garçon, je suis garçon.

LE MOKA.

Le Moka.

Air : Je suis Français......

Flots argentés de la docte Hippocrène,
Vous avez fui loin du sacré vallon ;
Joyeux Bacchus, ta liqueur souveraine
N'inspire plus les enfants d'Apollon.
Un grain obscur, favori de Racine,
Et dont jadis Sévigné se moqua,
A remplacé votre vertu divine....
Reconnaissez le pouvoir du Moka.

Cette liqueur dont l'aveugle Arabie
A si longtemps ignoré les secrets,
Dans nos cités désormais ennoblie,
De l'Eternel a changé les décrets...
Son bras puissant nous opposa les ondes;
Ce faible grain qu'une chèvre indiqua,
Par le commerce, a rapproché les mondes...
Tout est soumis au tribut du Moka.

Fils indigent d'une muse affamée,
Plus d'un poète, émule de Faret,
Allait jadis de sa prose rimée
Noircir les murs d'un triste cabaret;
Mais, depuis lors, étrangère à la gloire,
Pour le café la taverne abdiqua,
Et l'on s'inscrit au temple de mémoire,
Dans ces palais érigés au Moka.

Là, règne encor la franche causerie ;
Les mots si doux d'espérance et d'amour,
Les noms sacrés de gloire et de patrie,
De notre bouche échappent tour à tour.
Là, pour chasser les ennuis de son âme,
Un bon voisin, qu'un voisin provoqua,
Une heure ou deux vient oublier sa femme ;
Le chagrin fuit à l'aspect du Moka.

Là, notre esprit se distrait, se recueille ;
Il est frappé de mille objets divers,
Et voyageant toujours de feuille en feuille,
Dans un instant il parcourt l'univers.
Là, ce nectar, que la main des esclaves
Pour ses tyrans sans doute prépara,
Aida l'Europe à briser ses entraves...
La liberté doit le jour au Moka.

Tout se ranime à sa vive étincelle ;
Si de l'esprit les pénibles efforts
Ne trouvent plus qu'une muse rebelle,
Il l'affranchit des entraves du corps.
Quand pour chasser un instant d'insomnie,
A son secours Voltaire l'invoqua,
Soudain jaillit un éclair de génie ;
Le feu sacré brille avec le Moka.

Vénus aussi reconnaît son empire ;
Si de Bacchus la fougueuse liqueur
Seconde mieux un aveugle délire,
Lui, sous la main, fait mieux battre le cœur.
Loin des amants il bannit la contrainte ;
La blonde Lise et la brune Ourika,
Dans les transports d'une amoureuse étreinte,
Prouvent toujours les ardeurs du Moka.

De ses travaux prévoyant la durée,
Vers toi chacun accourt dès le matin ;
Le soir encor, sans ta liqueur dorée,
On ne saurait couronner un festin.
Vous-même ici, dont je connais la verve,
A qui jamais l'à-propos ne manqua,
Vous gardez tous votre esprit en réserve
Jusqu'au moment où jaillit le Moka.

De te chanter, liqueur digne d'envie,
Depuis longtemps je formais le projet ;
A tes autels je consacre ma vie,
Nul mieux que moi n'est plein de son sujet ;
A retracer même une simple ligne,
Jamais sans toi ma main ne se risqua ;
Comme l'a dit une bouche maligne,
Tout mon esprit est l'extrait du Moka.

TOUT SE FAIT A LA MÉCANIQUE.

Tout se fait à la mécanique.

Air : Du vaudeville du charlatanisme.

Amis, je voulais vous charmer
Par une œuvre sublime et rare ;
Ma muse devait s'animer
Aux divins accords de Pindare :
Mais à quoi bon, me suis-je dit,
User ma verve poétique ?
Pourquoi dépenser tant d'esprit,
Lorsque dans ce siècle maudit,
Tout se fait à la mécanique ?   (*Bis.*)

Vive le génie inventif
De nos modernes aristarques !
Vive cet art expéditif
De juger peuples et monarques !
Un simple levier fait mouvoir
Ce vaste globe politique.
Que de nains, jadis sans espoir,
Sont géants du matin au soir !
Tout se fait à la mécanique. (*Bis.*)

Toi, qui ne créas qu'en six jours
Notre pauvre machine ronde,
Toi, qui pour en régler le cours,
Calculas même une seconde ;
Tu n'avais point notre secret !
Dans cet âge, vraiment unique,
L'opéra, d'un coup de sifflet,
Voit jaillir un monde complet ;
Tout se fait à la mécanique. (*Bis.*)

Jadis, dans son humble réduit,
Un auteur, tout à son ouvrage,
Méditait le jour et la nuit
Un mois enfantait une page.
Le siècle n'a plus ce travers,
Le talent est plus élastique :
Il dit : Et journaux, prose et vers
Inondent soudain l'univers :
Tout se fait à la mécanique.   *(Bis.)*

Naguère encor dans nos cités
On critiquait plus d'un Ésope ;
Du corps les membres déjetés
N'avaient d'humain que l'enveloppe,
Le dos se voûtait en ballon :
Gloire au pouvoir orthopédique!..
Maintenant un triste avorton
Marche plus droit qu'un Apollon ;
Tout se fait à la mécanique.   *(Bis.)*

Travaille, inutile indigent !
Va donc suffire à ta misère !
On n'obtient rien qu'avec l'argent ;
L'argent vient en creusant la terre.
Que faites-vous là, morfondus,
Piliers de la place publique ?
Grâce à vos savants prétendus,
Les deux bras nous sont défendus.
Tout se fait à la mécanique.   (*Bis.*)

En France le rire est permis,
Dût-on le pousser à l'extrême ;
On rit parfois de ses amis,
Bien souvent je ris de moi-même.
Aussi vous pouvez répéter
Ce que disait certain critique ;
Quel éloge peut mériter
Le sujet qu'il vient de traiter ?
Il fait tout à la mécanique.   (*Bis.*)

LE SOMMEIL.

Le Sommeil.

Air: Du Dieu des bonnes gens.

Quand l'Éternel, dans un jour de colère,
Sur un sol nu jeta le genre humain,
A vous, dit-il, la peine et la misère,
Insectes vils échappés de ma main!...
De vos tyrans supportez l'insolence,
Soyez flétris par mon brûlant soleil,
Nul bien pour vous n'est plus dans ma balance,
 Excepté le Sommeil.

Peu satisfait de ce triste héritage,
L'un de Bellone affronte les hasards ;
L'autre parcourt une lointaine plage,
Ou s'appauvrit pour enrichir les arts ;
Les grands, sur nous escomptant leur naissance,
Nous font payer leur pompeux appareil,
Ils trouvent tout, profit, gloire, puissance,
  Excepté le Sommeil.

Vous, qui du ciel ignorez la clémence,
Vous, que le fruit d'un modeste labeur
Arrache à peine à l'affreuse indigence ;
De votre sort supportez la rigueur !...
Parfois aussi pour vous brille une fête :
Vous revenez le visage vermeil ;
Sur le chevet usé par votre tête,
  Vous trouvez le Sommeil.

Soyez contents, fiers maîtres de la terre,
Pour les subir nous avons fait des lois !...
Avec notre or vous nous faites la guerre ;
Avec nos bras vous soutenez vos droits.
Au pilori flétrissez la pensée,
D'un peuple entier étouffez le réveil ;
Dieu donna tout à votre âme insensée,
  Tout... hormis le Sommeil.

Un vieux garçon, courant de belle en belle,
Presque aux abois, n'avait plus de repos ;
Il attisait sa dernière étincelle,
Quand un ami lui dit fort à propos :
Mariez-vous, fier lion, le temps presse ;
Le fier lion accepte le conseil ;
Et depuis lors près de femme maîtresse
  Il trouve le Sommeil.

Nobles reflets de la triple lumière,

Vous qui, courbés aux pieds de l'Eternel,

Fermez toujours votre sainte paupière ;

Prenez ma part de ce legs paternel !

Moi, si jamais j'abandonne ce monde,

Du noir Satan je veux baiser l'orteil,

Et du sabbat chez lui faire la ronde,

    Pour narguer le Sommeil.

A l'étranger, une horde grossière

Par des festins célèbre nos revers ;

Sa voix impie insulte à la poussière

De ces héros grands comme l'univers :

Mais devant nous marche encor l'espérance;

Notre Austerlitz peut avoir son pareil ;

En attendant, guerriers morts pour la France,

    Paix à votre Sommeil.

De mon sujet la funeste influence
N'atteindra pas mes nombreux auditeurs,
Tout vient ici combattre sa présence,
Vins pétillants, ingénieux auteurs!...
En vous berçant de sa triste complainte,
Ma Muse encor vous retrouve en éveil,
Et vainement dans cette aimable enceinte,
    J'ai chanté le Sommeil.

LA CLÉ.

La Clé.

Air : Des Pages du duc de Vendôme.

Toi, qui portant tes regards vers l'aurore,
Peux à la fois contempler l'occident,
Double Janus, accours, ma voix t'implore,
Viens me guider dans mon vol imprudent;
Le monde encore admire la structure
De l'instrument par tes mains ciselé :
Dieu créateur de l'antique serrure,
Sois mon appui ! je te forge une Clé.

Combien de clés nous donna l'industrie !...
Vers le moment de son plus noble essor,
Pour illustrer notre riche patrie
De nos louis elle fit la clé d'or ;
Nul ne résiste à son pouvoir magique ;
A peine aux yeux son éclat a brillé,
Héros d'un jour, beautés à l'œil pudique,
Tombent devant cette fatale Clé.

Mais cette clé, dont l'intrigue et le vice
N'usent jamais que pour nous asservir,
Je te l'impose, indigente avarice ;
Va ! contre nous, tu ne peux t'en servir !
Lorsqu'il entasse et qu'il entasse encore
Les monceaux d'or dont il est accablé,
Sans écouter la faim qui le dévore,
L'avare meurt, pressant toujours sa Clé.

Il en est une un peu moins éclatante
Que nos beautés trouvent fort de leur goût,
Quand les maris ont trompé leur attente;
Vous le savez, c'est le passe-partout.
Passe-partout est la clé du ménage;
Hors de l'étui qu'il ne soit point rouillé,
Et chaque soir, pour éviter l'orage,
Faites briller cette prudente Clé.

Virginité, trésor digne d'envie,
Unique bien de la chaste pudeur,
Toi qu'on ne perd qu'une fois dans sa vie,
Dont le nom seul réveille mon ardeur;
Te conserver est chose difficile,
D'un triple airain ton cœur fût-il cerclé;
Peut-on longtemps nous fermer un asile
Dont avec soi chacun porte la Clé ?

J'aime les clés, mais non pas au théâtre !
Leurs sons aigus font trembler un auteur ;
Pour lui souvent, un public idolâtre
Devient soudain un sévère censeur.
Là, sans pitié, grâce au droit d'insolence,
Par un Cotin un Molière est sifflé ;
Obscurs frêlons, au parterre silence !
Votre talent n'est que dans une Clé.

Qui nous jeta dans ce monde éphémère ?
L'homme doit-il revivre après la mort ?
Cieux tant promis, n'êtes-vous que chimère ?
Où devons-nous attendre un meilleur sort ?
A ces pensers mon faible esprit succombe ;
Que dans mon cœur ce vide soit comblé ;
Reviens, Pascal ; Platon, sors de la tombe,
Et de l'énigme apportez-nous la Clé.

Je n'eus jamais la clé de la musique ;
J'espère un jour la clé du paradis ;
La clé d'Homère est déjà bien antique ;
La clé des champs, je la prenais jadis ;
Je perds souvent la clé de la mémoire,
La clé des temps ne m'a rien révélé ;
Ma foi, je suis de l'avis de Grégoire,
Et du caveau je préfère la Clé.

LA POMME.

La Pomme.

Air : Des Pages du duc de Vendôme.

Vous le savez, notre première mère
Seule a des droits à mon premier couplet ;
Son doux larcin nous la rendit plus chère ;
Sans elle ici tout serait incomplet :
Si par ce fruit sa main a perdu l'homme,
Facilement on doit lui pardonner ;
Car sans regret pour une belle pomme
Vingt fois par jour tous voudraient se damner.

Depuis, la pomme a captivé notre âme :
Sachez-le bien, ce n'est pas sans dessein
Qu'avec orgueil, maintenant chaque femme
Veut en avoir toujours deux dans son sein ;
Car du péché cette fille perfide,
Que n'atteignit jamais le repentir.
Donnant le choix à notre bouche avide
A chaque instant voudrait faire un martyr.

De ce beau fruit, bien que l'espèce abonde,
Il en est peu dont on soit plus jaloux ;
Aussi, jadis en nous livrant le monde,
La Providence en fit pour tous les goûts :
Je l'avoûrai, j'aime la plus vermeille ;
Mon choix sur elle est fixé sans retour,
Et quand Zoé vient m'ouvrir sa corbeille
Ma main va droit à la pomme d'amour.

Celle des bois est bien moins colorée,
Mais ses pépins ne sont pas méconnus.
On dit qu'un jour, pour narguer Cythérée,
Le bon Silène en fit don à Bacchus.
Nul franc buveur jamais ne la dédaigne,
Et quelquefois je m'arrête en chemin
Lorsque je vois écrit sur enseigne
Entrez, amis, à la pomme de pin.

Qui n'a point vu, dans la riche Neustrie,
De cent beautés le brillant coloris ?
Moins gracieuse est la rose fleurie,
Moins éclatant est le front de Cyris.
On dit qu'un jour cette aimable déesse,
Ne songeant plus à la rivalité,
De ses cheveux leur fit don d'une tresse,
Et leur laissa le prix de sa beauté.

Là, ce doux fruit étendit son domaine,
L'arbre en bouquet s'éleva dans les cieux,
Et pour Bacchus la grappe d'Aquitaine
Ne fournit pas un suc plus généreux.
Au laboureur Pomone la dédie,
Le peuple encor en fait son Jurançon,
Et le cadet de basse Normandie
Est, en esprit, le rival du Gascon.

Du malheureux seconde Providence,
Toi que Cybèle envîrait aux mortels,
Pourrais-je ici te passer sous silence,
Lorsque Memphis t'eût dressé des autels.
Pauvre exilée et fille de la terre,
Des grands, parfois, tu subis le dédain;
Mais sous le chaume un humble prolétaire
Avec plaisir te presse dans sa main.

Pour la cueillir chacun a son idée :
L'un veut l'avoir dans toute sa primeur,
L'autre ne mord qu'à la pomme ridée ;
Je l'aime mûre et pleine de saveur ;
Un amateur tient fort à la rainette ;
Le rambour plaît à l'amant assoupi ;
Avec plaisir une jeune fillette
Donne ou reçoit une pomme d'Api.

Je dois encor vous parler de cette Eve
Qui de l'Eden nous a tous éconduits :
Dans son ardeur elle n'eut point de trève
Que son mari n'eut mordu dans ses fruits.
Le chaste époux, devenu moins farouche,
Cède un instant et se laisse égarer...
Le fruit trop vert reste au fond de la bouche
Jamais Adam ne put le digérer.

Pauvres humains, vos nobles destinées
D'un simple fruit ont souvent dépendu :
Il a flétri vos premières années ;
Hormis l'espoir, pour lui tout fut perdu ;
Aux champs de Mars, aussi bien qu'à Cythère
Quand la discorde a donné le signal,
Comme une proie aux vautours de la terre,
Satan sur vous lance le fruit fatal.

Ce fruit maudit, que la terre asservie
Ne jetait plus qu'aux vierges de Paphos,
Sur les sommets de la fière Helvétie,
S'est anobli dans la main d'un héros.
Près du Mora, cette race guerrière,
Qui garde encor sa mâle austérité,
En a marqué son auguste bannière ;
Ce fruit maudit fonda sa liberté.

Fruit merveilleux, noble source de vie,
Pardonne ici mes vers injurieux !
De t'accuser je n'eus jamais l'envie ;
Je mords souvent ce que j'aime le mieux.
Les sots t'ont fait l'instrument du désordre,
Sais-tu d'où vient leur triste inimitié ?
C'est que sur toi leur dent ne peut plus mordre ;
Par impuissance ils t'ont calomnié.

LE LAPIN.

Le Lapin.

MOT DONNÉ.

Air : Mon Galoubet.

C'est un lapin, c'est un lapin
Que je vous offre à ma manière ;
Chacun en prendra son lopin :
Je suis sûr de ma cuisinière,
Ce n'est pas un chat de gouttière
C'est un lapin, c'est un lapin.

C'est un lapin, c'est un lapin,
Mais non pas de race cadette ;
Il est tout parfumé de thym,
La garenne fut sa retraite ;
Voyez-vous sa queue en trompette,
C'est un lapin, c'est un lapin.

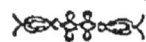

C'est un lapin, c'est un lapin,
Disait un soir Éléonore,
En m'attirant au magasin ;
Quand j'en sortis après l'aurore,
Elle disait bien mieux encore :
C'est un lapin, c'est un lapin.

Vite un lapin, vite un lapin !
Allons, monsieur, montez de grâce,
Et nous filons pour Saint-Germain,
J'ai sur mon siége bonne place :
Voyez madame qui s'efface ;
Vite un lapin, vite un lapin.

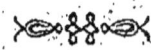

Ce bon lapin, ce bon lapin
Qu'on vous servit en gibelotte,
En amour était un lutin
Il avait toujours la marotte
De se terrer sous une cotte ;
Ce bon lapin, ce bon lapin.

Fi du lapin, fi du lapin,

Qui même auprès d'une fillette,

Toujours se trompe de chemin.

Que ce héros de la manchette

Soit enterré sous la poudrette !

Fi du lapin, fi du lapin.

Jeannot lapin, Jeannot lapin

Fut proscrit de sa métropole

Par la belette, un beau matin,

Mais aujourd'hui changeant de rôle,

Qui proscrit même la parole ?...

Jeannot lapin, Jeannot lapin.

Ce vieux lapin, ce vieux lapin
Par vous sera trouvé peut-être
Bien étique dans ce festin ;
S'il vous déplaît, avec son maître,
Vous pouvez bien envoyer paître
Ce vieux lapin, ce vieux lapin.

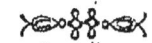

IL FAUT PEU DE PLACE AU BONHEUR.

Il faut peu de place au bonheur.

Air : Aux soins que je prends de ma gloire.

De nos jours, trouvez-moi le sage
D'accord avec l'antiquité ;
Et content d'avoir en partage
La douce médiocrité.
Chacun, séduit par l'espérance,
Poursuit un fantôme trompeur ;
Et pourtant sur ce globe immense,
Il faut peu de place au bonheur.

Sans quitter ses vastes domaines,
Plus d'un lord pourrait voyager ;
Mais l'ennui coule dans ses veines ;
Chez lui-même il est étranger.
Voyez, loin de tant de richesses,
Le soir les fils du laboureur,
Groupés autour de ses caresses !...
Il faut peu de place au bonheur.

Près d'un amant que la comtesse
Se pavane dans ses atours,
Moi, je hais que tant de noblesse
Me protège de ses amours,
A l'étroit auprès de Lisette ;
Et mon cœur pressé sur son cœur,
Je dis souvent dans sa chambrette,
Il faut peu de place au bonheur.

D'un parapluie et de sa femme
Qu'un mari charge ses deux bras !...
Près du tendre objet de ma flamme,
Je marche avec moins d'embarras :
L'orage gronde, l'éclair brille...
Du temps que nous fait la rigueur !...
Nous bravons tout sous sa mantille;
Il faut peu de place au bonheur.

Vous, dont le fils de Cythérée
Doit bientôt couronner les feux,
Près de votre amante adorée,
Soyez modeste dans vos vœux :
Ah ! qu'une fougue téméraire
N'aille point brusquer la pudeur :
Pour le dieu dans le sanctuaire
Il faut peu de place au bonheur.

Au ciel pour avoir plus d'espace,
A l'instant vous pouvez monter :
Moi, qui toujours attends la grâce,
Cent ans ici je veux rester.
Puis avec gentille compagne
Je ne veux chez le créateur,
Qu'un petit coin et du champagne ;
Il faut peu de place au bonheur.

Des grands l'âme préoccupée,
Redoutant les coups du destin,
De Damoclès croit voir l'épée
Se balancer sur le festin,
Plus gaîment nous vidons nos verres,
Moins cher nous payons la splendeur,
Ici, pour chacun de nos frères,
Il faut peu de place au bonheur.

… COCARDE.

La Cocarde.

Air : Soldat français, né d'obscurs laboureurs.

Pour étendard jadis le peuple roi
Eut de Cérès une gerbe féconde :
C'est qu'il voulait moins répandre l'effroi
Qu'à ses travaux associer le monde :
Mais aujourd'hui, sans un brillant drapeau,
Nul conquérant jamais ne se hasarde...
 Et nous, leur servile troupeau,
 Pour signaler notre chapeau,
 Nous devons porter la cocarde.

Notre pays, sur son terrain mouvant,
Ne peut longtemps debout laisser un trône;
Sur nos palais, le moindre coup de vent
D'un potentat fait tomber la couronne;
Aussi, voit-on plus d'un adroit Janus,
Qui, sans bouger, des deux côtés regarde :
    Accourent vainqueurs ou vaincus,
    Il a, pour les cas imprévus,
    Dans son chapeau double cocarde.

Admirez tous, sur ses fiers brodequins,
Ce duc et pair lançant des manifestes !...
De ses haillons, jadis républicains,
Son habit d'or laisse entrevoir les restes :
Il les oublie, et de son noble banc,
Il ne voit plus son obscure mansarde;
    Vingt fois, pour conserver son rang,
    Il a passé du rouge au blanc,
    Tant fut mobile sa cocarde.

N'oublions pas ces généraux bourgeois
Qui d'un salon font leur champ de bataille :
Ils ont conquis des titres et des croix,
Mais ce n'est pas à travers la mitraille :
Loin des combats, héros cavalcadours,
Ils veulent tous briller à l'avant-garde...
  Lorsque viennent les mauvais jours,
  Demandez-leur s'ils ont toujours
  Le courage de leur cocarde.

Honte à jamais à ces guerriers félons
Qui, pour reprendre une antique armoirie,
De l'ennemi guidaient les bataillons
Jusqu'au milieu de leur vieille patrie !...
Mais pour leur roi, dans les jours du danger,
Dormait en paix leur fière hallebarde :
  Nous, en face de l'étranger,
  Du chef qui saurait nous venger,
  Défendons toujours la cocarde.

Mille couleurs marquent dans l'univers
Des nations l'étoile politique :
Moins nuancée, en ses rayons divers,
S'offre d'Iris la ceinture magique.
Mais, éblouis par la variété,
Ne changeons point la nôtre par mégarde ;
 Que dans sa triple majesté,
 L'arc-en-ciel de la liberté
 Forme toujours notre cocarde.

Mais qu'ai-je dit ! faut-il par la couleur
Nous distinguer quand nous sommes tous frères ?
Ne saurait-on porter un noble cœur
Sans déchirer ce qu'admiraient nos pères ?
Ah ! plus de sang pour un vain appareil !
Savez-vous bien ce que le ciel nous garde ?
 Des peuples vienne le réveil,
 Comme ils ont tous même sommeil,
 Ils auront tous même cocarde.

L'HOPITAL.

L'Hôpital.

Air : Ce magistrat irréprochable.

L'Hôpital !... un malin sourire
Semble m'accueillir à ce nom :
Qu'en dites-vous ?... j'ai de ma lyre
Depuis longtemps baissé le ton.
Quoi donc ! aborder le Permesse
Pour un sujet aussi banal !...
On peut, dans un jour de détresse,
Avoir recours à l'Hôpital.

Salut !... triste et sainte demeure,
Asyle de la pauvreté,
Dont la porte s'ouvre à toute heure
A la voix de l'humanité !...
Ton nom, quoi qu'en dise l'histoire,
Au poète n'est point fatal,
Gilbert, pour voler à la gloire,
S'est élancé de l'Hôpital.

C'est là que la douce espérance,
Sans jamais quitter un mortel,
D'une main soutient la souffrance,
De l'autre lui montre le ciel.
Quand tout lui manque sur la terre,
Tout, jusqu'à l'appui filial,
L'homme que poursuit la misère,
Trouve une sœur à l'Hôpital.

Même quand la douleur sommeille,
Comme un ange consolateur,
A ses côtés, là, toujours veille
Cette pieuse et tendre sœur,
Volontaire et pure victime
Qui, sous le bandeau virginal,
Vient, dans son dévouement sublime,
S'ensevelir à l'hôpital.

Vois, sous l'œil de la Providence
Ces enfants au pied de l'autel !...
Nul ne fut, même à sa naissance,
Pressé sur le sein maternel.
Mais l'orphelin, la pauvre fille,
Que rejetta le seuil natal,
Ont trouvé loin de leur famille
De tendres soins à l'hôpital.

Quel est cet homme, qui se traîne
Consumé par le repentir ?
Reculez !... à l'espèce humaine
Vous rougiriez d'appartenir.
Déjà la céleste justice
A flétri son front immoral,
Et pourtant à l'aspect du vice
Ne s'est point fermé l'Hôpital.

« Ah ! si la fortune inhumaine
« Ne m'a point frappé sans retour,
« Sur les bords chéris de la Seine
« Puissé-je reposer un jour !...
Ainsi parlait notre Alexandre.
Au milieu d'un deuil triomphal,
La France en recueillit la cendre
Dans son glorieux Hôpital.

Pourrais-je passer sous silence
Ces héros de la charité,
Qui fondent par la bienfaisance
Leur modeste immortalité?
Le favori de la victoire
Rit de leur humble piedestal;
Mais on respecte leur mémoire;
On les bénit à l'Hôpital.

N'allez point, dans votre délire,
Sur lui jetter un fier dédain :
Avant la mort pouvons-nous dire
Ce que nous garde le destin?
Aussi, moi que le ciel fit naître
Pour un bonheur toujours égal,
Ces vers en main, j'irai peut-être
Implorer un jour l'Hôpital.

IL FAUT QUE TOUT LE MONDE VIVE.

Il faut que tout le monde vive.

∞

Air : Aux soins que je prends de ma gloire.

Chacun a ses droits au bonheur,
Ainsi le veut la providence :
Sachez-le, vous dont la splendeur
Ne peut épuiser l'opulence.
Du peuple aggravez le destin ;
C'est là votre prérogative ;
Du moins qu'il fasse son butin
Des miettes de votre festin :
Il faut que tout le monde vive.

Le bon Henri, dans un repas,
Ségayant avec Gabrielle,
Un soir, veut prendre ses ébats...
Mais toujours résiste la belle :
C'est qu'elle a près du souverain
Sous la table un furtif convive...
On le voit... on glisse soudain,
L'un un gâteau, l'autre sa main :
Il faut que tout le monde vive.

Vous tous, dont on a breveté
A grands frais la docte ignorance,
Laissez la pauvre humanité
Finir ses jours sans ordonnance :
Ne hâtez point, par le scalpel,
Notre existence fugitive :
Trop de gens, sans votre art cruel,
Là-haut répondent à l'appel :
Il faut que tout le monde vive.

Louons le zèle intelligent
Du pasteur que le ciel enflamme ;
Il ne lui faut que de l'argent
Pour mener à bon port notre ame.
On pourrait sans le rituel
Aller peupler la sombre rive :
Mais, de la robe ou de l'autel,
En exploitant le casuel,
Il faut que tout le monde vive.

On blâme une jeune beauté
Qui, pour sortir de la détresse,
Fait escompter sa chasteté
Et marchander une caresse :
On voudrait un beau désespoir,
Une lutte toujours active...
Dans la mansarde et le boudoir,
Ou sur les dalles du trottoir,
Il faut que tout le monde vive.

Pour exister, on vend l'honneur,
On vend la fortune publique,
On vend sans honte la pudeur,
On vend sa plume famélique,
On vend le droit, la vérité,
On vend le fiel et l'injustice;
On vend même la royauté,
Et pourtant, dit la charité,
Il faut que tout le monde vive.

L'ENFANT DU CAVEAU.

L'enfant du Caveau.

Air : Monsieur d' la Palisse est mort.

Je suis enfant du Caveau,
Oui, je m'en fais gloire ;
Et je veux jusqu'au tombeau
Rire, chanter et boire.

Ailleurs, quarante, à grand prix,
   Mettent l'esprit en vente :
Ici, vingt peuvent gratis,
   En revendre à quarante.
Je suis enfant du Caveau, etc.

Otez l'eau de mes regards,
　　Elle glace ma veine :
C'est l'élément des canards ;
　　Autant vaut le Suresne.
Je suis enfant du Caveau, etc.

Un tonneau me sert d'autel ;
　　Nouvel anachorète,
Je n'invoque l'Eternel
　　Qu'en vidant ma burette.
Je suis enfant du Caveau, etc.

Dans le vin, le vieux Caton
　　Puisait son éloquence :
Il se gardait bien, dit-on,
　　De parler d'abondance.
Je suis enfant du Caveau, etc.

La bière plaît aux Anglais
　　Bien plus que le Madère :
Puissent-ils tous à jamais
　　S'enfoncer dans la bière.
Je suis enfant du Caveau, etc.

A gémir sur nos malheurs
　　Que l'on trouve des charmes,
Moi, je ne verse des pleurs
　　Que quand je ris aux larmes ;
Je suis enfant du Caveau, etc.

Qu'un mari, pour un affront,
　　Chez lui gronde et tempête :
Eh ! que m'importe le front
　　Quand j'ai perdu la tête !
Je suis enfant du Caveau, etc.

Tu m'as l'air d'un bon garçon,
    Me dit un jour Victoire,
Mais laisse-là ta chanson,
    Et voyons ton histoire.
Je suis enfant du Caveau, etc.

Si, grace à mon appétit,
    En dînant je succombe,
Je hais l'eau, je vous l'ai dit,
    Point de pleurs sur ma tombe.
Je suis enfant du Caveau, etc.

Si de mes vers chacun rit,
    Pardonnez au poète :
Il aurait bien plus d'esprit,
    S'il n'était pas si bête.

Je suis enfant du Caveau,
Oui, je m'en fais gloire,
Et je veux jusqu'au tombeau,
Rire, chanter et boire.

LE CIEL POUR TOUS, ICI CHACUN POUR SOI.

Le ciel pour tous, ici chacun pour soi.

Air : Des Pages du Duc de Vendôme.

Vous avez vu, dans notre Babylone,
Les flots pressés d'un peuple industrieux,
Comme un torrent, il s'agite, il bouillonne,
Et, pour sa part, chacun veut être heureux : (*Bis*)
Du monde entier c'est la fidèle image,
Il applaudit à ce vaste tournoi :
Le genre humain n'a plus qu'un seul adage :
Le ciel pour tous, ici, chacun pour soi. (*Bis*)

Souffrir, mortels, voilà votre partage ;
Rien n'interrompt la chaîne de vos maux ;
Mais voulez-vous résister à l'orage ?
Entrelacez vos fragiles rameaux : (Bis)
Ah ! maudit soit celui qui, sur la terre,
Dit le premier : Je ne vis que pour moi ;
De mon voisin que me fait la misère ?
Le ciel pour tous, ici, chacun pour soi. (Bis)

Mais bénissons cette main protectrice
Qui, du malheur prévenant le souhait,
A nos regards cache la bienfaitrice,
Et vient toujours nous montrer le bienfait. (Bis)
La charité, seconde Providence,
Qui désormais peut marcher sans la foi,
Dit : Sois heureux, j'ignore ta croyance,
Le ciel pour tous, ici, chacun pour soi. (Bis

Oui, protégeons le malheur, l'indigence ;
Mais elle aussi, la douce charité,
Comme Thémis, doit porter sa balance,
Même en donnant, consultons l'équité. *(Bis)*
Toi, qui du sort accuse l'injustice,
On t'aidera, mais d'abord aide-toi !...
Nul n'est forcé d'alimenter le vice...
Le ciel pour tous, ici, chacun pour soi. *(Bis)*

Ainsi je veux, ainsi je vous l'ordonne,
Disait un prince aux Français à genoux ;
L'Etat, c'est moi !... vous, apprenez qu'un trône
N'est qu'un bois vil, orné de quelques clous... *(Bis)*
Frères, debout ! s'écrie un peuple immense,
Le bon plaisir doit céder à la loi !...
Exploite ailleurs tes vieux droits de naissance,
Le ciel pour tous, ici, chacun pour soi. *(Bis)*

Plus de contrat, nous dit le phalanstère,
Plus, parmi nous, d'orgueilleux parchemin ;
A l'univers un seul propriétaire !...
Dieu l'a nommé, c'est tout le genre humain. (*Bis*)
Contre vos lois, amis, moi je réclame ;
En m'acquittant des devoirs de l'emploi,
Je veux rester seul mari de ma femme,
Le ciel pour tous, ici, chacun pour soi. (*Bis*)

Vous, qui vivez de jeûne et de prière,
Qui proscrivez les plaisirs et l'amour,
Restez le front courbé dans la poussière,
Mourez sans cesse, afin de vivre un jour. (*Bis*)
Je ne hais pas une éternelle flamme,
La volupté me cause moins d'effroi ;
Depuis longtemps, moi, j'ai risqué mon ame,
Le ciel pour tous, ici, chacun pour soi. (*Bis*)

Soyons unis, dans ce joyeux domaine,
Travaillons tous à la communauté ;
Pour l'enrichir exerçons notre veine,
Mais sans envie et sans rivalité : *(Bis)*
Point de sujets chez un peuple de frères,
Et si quelqu'un veut s'ériger en roi,
Nous lui dirons, en éloignant nos verres,
Le ciel pour tous, ici, chacun pour soi. *(Bis)*

UN PEU DE TOUT.

Un peu de tout.

Air : Connu.

L'ennui, dit un vieil adage,
Naît de l'uniformité ;
Aussi, voyons-nous le sage
Egayer sa gravité.
Près d'un auteur monotone
Souvent nous dormons debout;
J'aime mieux qu'il déraisonne :
Essayons un peu de tout.

Que, dans un banquet splendide,
Jamais d'imprudents gourmets
N'aillent, d'une bouche avide,
Se jeter sur un seul mets :
On fait son plan de campagne,
Puis du chapon au ragoût,
Du Chambertin au Champagne,
On essaie un peu de tout.

Avant que le mariage
Ne vous impose le frein,
D'une fille, même sage,
Sondez toujours le terrain ;
Et pour savoir si la belle
Vous trouvera de son goût,
Ayez bien soin, auprès d'elle
D'essayer un peu de tout.

Un chevalier d'industrie,
Qui végétait indigent,
Redoublant de fourberie
Devint plus intelligent...
Pour arrondir une somme,
Gaspard, malgré son dégoût,
S'avisa d'être honnête homme :
Essayez un peu de tout.

A l'aspect de leurs esclaves,
Parfois tremblent les vainqueurs ;...
Est-ce donc par des entraves,
Que l'on captive les cœurs ?
D'un peuple, fût-il rebelle,
Autrement on vient à bout :
La liberté rend fidèle...
Qu'on essaie un peu de tout.

L'hymen a toute puissance,
Devant le code pénal;
Un roi, même, doit en France,
Respect au lit conjugal.
Vivent les îles Marquises,
Où le mari va partout,
Sans redouter les assises,
Essayer un peu de tout.

Vers cette belle ingénue,
Me dit-on, tu prends l'essor;
Il faut payer pour la vue,
Ensuite bien plus encor.
J'ai répliqué : Moi, j'en doute,
Et je risque mon va-tout...
Mais... je sais ce qu'il en coûte
D'essayer un peu de tout.

Hommes d'état, dans vos luttes
Vous nous amuseriez fort,
Si chacune de vos chutes,
N'entraînait le coffre-fort :
Pour ménager nos subsides
Vainement on vous dissout ;
On se lasse, âmes cupides,
D'essayer un peu de tout !...

Que d'essais sur cette terre !...
On en fait sur un ballon ;
On en fait sur l'atmosphère ;
On en fait sur un wagon ;
On en fait sur le pavage ;
On en fait sur un égout :
Et puis niez l'avantage
D'essayer un peu de tout ?

AH! NE M'OUBLIEZ PAS.

Ah ! ne m'oubliez pas.

Air : Connu.

Je vais partir : les guerriers de la France
Ont menacé nos paisibles climats !...
Je vais partir : Mars a repris sa lance ;
Sa voix terrible appelle les combats :
Si, loin de vous, trahi par la victoire,
La mort, hélas ! vient enchaîner mes pas,
De notre amour conservez la mémoire,
Bonne Clémence, ah ! ne m'oubliez pas !

Ainsi parlait sur les bords de la Sprée,
A son amie un jeune élu de Mars :
Et toute entière à sa douleur livrée,
Elle répond par d'humides regards:
Et lui, la main dans sa main enlacée,
Sans distinguer où le guidaient ses pas,
Semblait lui dire encor de la pensée :
Bonne Clémence, ah ! ne m'oubliez pas !

Un ciel d'azur brillait sur la nature ;
L'oiseau chantait : c'était aux jours heureux
Où le bosquet a repris sa parure,
Et le ramier ses ébats amoureux :
Mais lui, la main dans sa main enlacée,
Sans distinguer où le guidaient ses pas,
Bien mieux encor disait de la pensée :
Bonne Clémence, ah ! ne m'oubliez pas !

De nos amants tout exalte la flamme,
Tout des beaux jours les invite à jouir :
Ils sont contents d'exister, et leur âme
Avec les fleurs semble s'épanouir :
Et lui, la main dans sa main enlacée,
Sans distinguer où le guidaient ses pas,
Avec transport, disait de la pensée :
Bonne Clémence, ah ! ne m'oubliez pas !

Sur le gazon une fleur inconnue,
Comme l'iris du plus charmant oiseau,
De son amie a captivé la vue,
Et la séduit par son éclat nouveau...
Mais lui, la main dans sa main enlacée,
Sans distinguer où le guident ses pas,
Semble toujours dire de la pensée :
Bonne Clémence, ah ! ne m'oubliez pas !

Vois, dit Clémence, oh! comme elle est jolie!...
Elle a du ciel emprunté la couleur :
De son bouquet la rive est embellie...
Que je voudrais la porter sur mon cœur!
La main n'est plus dans sa main enlacée,
Mais, sans prévoir où le guidaient ses pas,
Il dit toujours, toujours de la pensée :
Bonne Clémence, ah ! ne m'oubliez pas !

Que je voudrais !... la parole échappée
De son amant électrise l'ardeur ;
Il est déjà sur la rive escarpée,
Déjà sa main vient d'arracher la fleur !
Quand tout à coup sur l'arène mouvante
Jusques au gouffre il sent glisser ses pas,
Tombe... et s'écrie en lui jetant la plante :
Bonne Clémence, ah! ne m'oubliez pas !

LA CAROTTE.

La Carotte.

MOT DONNÉ.

Air : Mon père était pot.

Le chou me pèse sur le cœur,
La laitue est sans charmes,
De l'ail je déteste l'odeur,
L'ognon me met en larmes ;
Cornichon proscrit,
Par les gens d'esprit,
Reste au fond de la hotte !...
Imprudent navet,
Je crains ton effet :
J'aime mieux la carotte.

Vive ce légume chéri
Et son joyeux emblême!...
Je sais bien que plus d'un mari
Ne pense pas de même...

 Mais en vain son front
 Veut parer l'affront
Que sa couleur dénote...
 Souvent un blondin
 Vient dans son jardin
Planter une carotte.

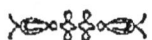

Je ne suis pas seul de mon goût :
Il domine en ménage...
Et ma gouvernante surtout
Avec moi le partage :

Quand à peu de frais,
De légumes frais
Il lui faut une botte,
Son choix est certain,
Et toujours sa main
Tombe sur la carotte.

En se fiant sur la couleur,
Quelquefois on s'expose :
Souvent la plus brillante fleur
Sent moins bon que la rose...
Vous, jeunes muguets,
Toujours aux aguets,
N'ayez pas la marotte
De faire des vœux
Pour ces blonds cheveux
Tirant sur la carotte.

Il en est une dont l'état
Garde le monopole,
Et qui saisit notre odorat.
De l'un à l'autre pôle...
On la prise fort,
Et l'on n'a pas tort,
Quoiqu'en dise Aristote...
Êtes-vous menés
Par le bout du nez...
C'est grâce à la carotte.

Gardez-vous d'un joli minois
Prodigue de caresses,
Dont l'œil toujours en tapinois
Observe vos faiblesses :

Quel est son dessein,
Quand, près de son sein,
La belle vous dorlotte ?
Ce lutin charmant
Veut à son amant
Tirer une carotte.

Mais gardez-vous bien plus encor
De cette âme cupide
Dont l'œil toujours fixés sur l'or,
N'a que l'or pour tout guide...
Sur la peur d'autrui,
Fondant son appui,
Ce héros de bouillotte,
En ruses expert,
Vient au tapis vert
Exploiter la carotte.

Se mettre en route est, nous dit-on,
La moitié du voyage ;
Mais d'aller longtemps sur ce ton,
Je n'ai pas le courage :
  Je crains qu'un holà !...
  Ne dise : halte-là !...
Enfin, je me débotte...
  Il faut ménager,
  Dans son potager,
Toujours une carotte.

L'OPINION.

L'Opinion.

Air : Connu.

L'Opinion est la reine du monde,
Nul sans péril ne l'affronte ici bas :
Pour arracher sa racine profonde
Plus d'un Alcide a fatigué son bras.   (*Bis*)
Sa noble sœur, la fière renommée,
Sans son appui perd toute illusion,
Et moi, pourtant, qui ne suis qu'un pygmée
Je veux aux pieds fouler l'opinion.   (*Bis*)

Sifflet d'un sot est trompette de gloire :
Ainsi que nous, Rome eut des insulteurs ;
Ils escortaient, dans un jour de victoire,
Le char pompeux de ses triomphateurs. (*Bis*)
Mais entouré de sa noble auréole
Et du bandeau de la religion,
Le demi-dieu montant au capitole,
De l'insulteur foulait l'opinion. (*Bis*)

Il faut lutter pour fonder sa mémoire ;
Aux plus beaux fruits s'attache un ver rongeur:
Mais le grand homme appartient à l'histoire,
C'est elle aussi qui devient son vengeur. (*Bis*)
Sous les revers quand le héros succombe,
Fût-il martyr de l'injuste Albion,
Avec orgueil l'histoire ouvre la tombe,
Et de vingt rois foule l'opinion. (*Bis*)

Jadis, dit-on, par le droit de naissance,
Le grand seigneur eut brevet d'insolent ;
Mais aujourd'hui le rang et la puissance
Doivent respect à l'esprit, au talent.   (*Bis*)
Le roturier qu'un duc et pair ravale,
Quand il se doit sa réputation,
Fier de sortir des piliers de la halle,
D'un duc et pair foule l'opinion.   (*Bis*)

Vous, que Boileau dans son acrimonie,
Jusques à trois daigne à peine compter,
Laissez enfin, tomber la calomnie !
L'amour d'un fat peut seul vous insulter. (*Bis*)
Le front modeste et toujours entourées
Des fruits chéris d'une chaste union,
Sans étaler vos ceintures dorées,
Sachez aux pieds fouler l'opinion.   (*Bis*)

L'homme, en morale ainsi qu'en politique,
Malgré l'autel est libre de sa foi ;
Il a brisé tout pouvoir fanatique,
Le cœur n'est plus torturé par la loi : *(Bis)*
Mais quand l'état craint pour son existence,
L'honneur n'admet nulle division,
Et les partis, rapprochant leur distance,
Doivent aux pieds fouler l'opinion. *(Bis)*

L'Opinion, arbitres de la terre,
N'est pas chez vous toujours à dédaigner,
Sa main parfois, dirige le tonnerre ;
Sans elle ici, vous ne sauriez régner. *(Bis)*
Plus grand que vous le peuple est sur le trône !
Nul désormais, bravant la nation,
N'oserait plus, pour garder la couronne
D'un pied sanglant fouler l'opinion. *(Bis)*

Opinion, reine de la sottise,

Va ! le matin je te méprise à jeun !...

Après dîner le soir je te méprise ;

Je fais baisser ton regard importun : (*Bis*)

Oui, quand chez moi le pomard, le champagne,

A flots pressés ont fait invasion,

Mes pieds encor'en battant la campagne,

Avec mépris foulent l'opinion. (*Bis*)

CANTATE.

—

LE PAUVRE ENFANT.

CANTATE.

Le pauvre Enfant.

Loin du toit paternel, loin des yeux d'une mère,
Seul, jeté sur les bords d'une plage étrangère,
Jadis un jeune enfant, par ses tendres discours,
Des voyageurs surpris implorait le secours;
Des pleurs mouillaient ses yeux, et sa voix défaillante
Exprimait en ces mots sa prière touchante :
  « Vous, qui voyez couler mes pleurs,

« Daignez adoucir ma souffrance ;
« Ayez pitié de mes malheurs ,
« Vous qui voyez couler mes pleurs.
« Un dieu cruel, de ses rigueurs,
« Hélas ! accable mon enfance :
« Vous qui voyez couler mes pleurs,
« Daignez adoucir ma souffrance. »

Mais chacun détournait ses pas :
Le malheureux ne savait pas
Que l'étranger est sourd à la voix qui l'implore ;
Et sa bouche disait encore :

« Vous qui voyez couler mes pleurs,
« Daignez adoucir ma souffrance ;
« Ayez pitié de mes malheurs,
« Vous qui voyez couler mes pleurs.

. . . .

« Egaré dans ces tristes lieux,

« Où je n'aperçois point ma mère,

« Mes cris en vain frappent les cieux,

« Égaré dans ces tristes lieux.

« A peine ouverts, déjà mes yeux

« Vont se fermer à la lumière,

« Égaré dans ces tristes lieux,

« Où je n'aperçois point ma mère. »

Ainsi le pauvre enfant parlait aux voyageurs.
Aucun ne se montrait sensible à ses malheurs ;
Il gémissait... surtout en voyant la froidure
Dans nos sombres climats attrister la nature ;
Décembre avait flétri le pampre des coteaux :
Forcé d'abandonner ses paisibles travaux,
Le laboureur pensif foulait, dans son passage,
Des arbres dépouillés le mobile feuillage,
Ou, suspendant sa marche, écoutait quelquefois
Le vent qui gémissait dans l'épaisseur des bois.

L'enfant partage, hélas ! le deuil qui l'environne,
Il porte sur le front la pâleur de l'automne ;
Au milieu des frimas, l'indigence et les pleurs
Ont épuisé sa vie, ont terni ses couleurs ;
Son œil mourant ne peut s'ouvrir à la lumière,
Et sur sa bouche enfin expire la prière.

Tel, détaché par l'aquilon
Du rameau qui le vit éclore,
D'un rosier le tendre bouton
Languit, et puis se décolore ;
A peine il vécut un instant,
Pour lui ne brilla qu'une aurore ;
Et de son pied indifférent
L'homme foula l'espoir de Flore.

Ainsi mourut le pauvre enfant :
Et pour lui les accents de l'airain monotone

Dans les airs prolongés n'attristèrent personne :
L'autel n'eut point de vœux, le temple point de chant.
Comme lui sans amis, un mortel indigent
Creusa, près du chemin, son humble sépulture ;
Un cyprès la couvrit de sa triste verdure,
Et protégea la croix du jeune infortuné ;
Elle portait ces mots : *Il fut abandonné.*
Ceux même à qui sa voix fut jadis importune,
A l'aspect du tombeau, plaignaient son infortune ;
Leur tardive pitié venait couvrir de fleurs
L'enfant qui tant de fois essuya leurs rigueurs.
A leur esprit s'offrait la cruelle indigence,
La faim qui lentement consuma son enfance,
Et sa bouche glacée, et son étroit cercueil
Qui de l'asile saint n'a pu franchir le seuil.
Tous déploraient le sort du fils de l'étrangère,
Tous..., mais près de la tombe on ne vit point sa mère.

LE FER-BLANC.

Le Fer-Blanc.

MOT DONNÉ.

Air : Dans la paix et l'innocence.

Que votre muse inspirée
Prenant un sublime essor,
Aujourd'hui vers l'empyrée
Plane avec des ailes d'or ;
Moi, pour trouver une rime,
Ici je me bats le flanc :
Pauvre artisan, je m'escrime
Sur des lames de fer-blanc.

Cependant, lorsque j'y pense,
On peut traiter mon sujet;
L'art, sans beaucoup de dépense
En tire plus d'un objet;
Il est utile en ménage...
Allons, sans perdre un instant,
Allumons, pour cet ouvrage,
Notre lampe de fer-blanc!

Le buveur, le gastronome
Vantent son utilité ;
Et plus d'un mets qu'on renomme
Dans ce fer est apprêté ;
Jamais je ne dis : arrière
A ce morceau succulent
Que m'offre la cuisinière
Dans sa coque de fer-blanc.

Voyez ce gros automate
Héritier de nos traitants !
Il doit sa vaisselle plate
Au fer de nos combattants :
Eux, cinq sous pour leur pitance,
Mais l'œil fier et le cœur franc,
Vont restaurer leur vaillance
Dans l'écuelle de fer-blanc.

Moka, ta divine essence
Vient à mon cœur abattu
Rendre toute sa puissance,
Grâce à ta douce vertu ;
Mais, pour animer ma veine,
Je te veux toujours brûlant :
Jaillis donc à flots d'ébène
De ta prison de fer-blanc.

Franchement, est-il un être
Plus fragile qu'un mortel ?..
Souvent il n'adore un maître
Que pour briser son autel...
Mais les rois toujours en garde
Contre son cœur chancelant,
Lui rivèrent sa cocarde
Sur la plaque de fer-blanc.

Ce vil métal culinaire
De nos jours s'est anobli,
Et nul brave militaire
Ne veut le mettre en oubli :
Le guerrier dont la victoire
N'a point épuisé le sang,
Porte son brevet de gloire
Dans un étui de fer-blanc.

Rien, dit la vieille maxime,
Ne produisit jamais rien,
Avec rien pourtant je lime
Pour mener mon œuvre à bien :
Avec rien, par artifice,
J'ai fait mon château branlant,
Mais on voit que l'édifice
N'est construit que de fer-blanc.

ÉPILOGUE.

Pauvres enfants échappés à ma lyre,
Dès le berceau livrés à l'abandon,
Ne cherchez point un gracieux sourire,
Mais d'exister obtenez le pardon.

Chansons Diverses

ADRESSÉES A L'AUTEUR.

LA SAINT-HONORÉ,

Impromptu à mon ami VEISSIER DESCOMBES,

le jour de sa fête, 21 mai 1843.

∞

Air : Pégase, etc.

L'occasion qui nous rassemble,
Et que plus d'un vœu provoquait,
Nous appelle à fêter ensemble
L'Amphytrion de ce banquet.
Ici des cœurs en harmonie
L'élan bien vite s'est montré :
C'est l'amitié, c'est le génie
Que nous chantons dans *Honoré*.

Enfant chéri de la nature,
Des grâces et du sentiment,
Des arts il aime la culture,
Son esprit est plein d'enjoûment.
D'Anacréon dormait la lyre,
Sur lui le goût avait pleuré :
Qui ressuscita son délire ?
Ce fut le talent d'*Honoré*.

A cet Anacréon moderne
Buvons, mes chers amis, buvons ;
Devant ce front qui n'est point terne,
Quel charme ici nous éprouvons !
Buvons à ce chantre des Grâces,
Des Ris, des Jeux et des Amours ;
Et du temps puissent les disgraces
De sa vie épargner le cours !

ALBERT-MONTÉMONT.

L'Hôpital.

RÉPONSE A LA CHANSON DU CONFRÈRE VEISSIER
DESCOMBES SUR LE MÊME SUJET.

Air : Pégase est un cheval qui porte.

Eh bien ! cher et savant Descombes,
L'Hôpital enflamme ta voix !
Toi qui sous nul faix ne succombes,
Tu n'as pas craint ce grave choix.
Je veux, traitant à ma manière
Ce sujet, peut-être, fatal,
De Momus planter la bannière
Devant le seuil de l'hôpital.

Aux champs de la littérature
Heureux qui suit le droit chemin !
Le goût, fidèle à la nature,
Aime à le guider par la main.
Mais plus d'un barde qui s'amuse
A rimer, sans un capital,
Doit appréhender que sa muse
Ne le conduise à l'hôpital.

Depuis des siècles, nos quarante
De la critique usent les traits ;
Toujours leur ame indifférente
Des pavots goûtent les attraits ;
Et cependant, bien qu'affermie
Contre les coups du sort brutal,
Comme autrefois, l'Académie
De l'esprit semble l'hôpital.

Rempli d'une folle espérance,
Il est plus d'un législateur.
Qui se croit un dieu de la France,
Et n'a qu'un avenir menteur.
Si le scrutin de son collége
Annule son mandat vital,
Du naufragé, par privilège,
Le Luxembourg est l'hôpital.

Partout l'on vante du ménage
La paix et les bons sentiments,
Les tendres soins qu'on s'y ménage,
En mutuels épanchements.
Mais cette chaîne fortunée
N'est pas toujours belle, au total;
Et le temple de l'hyménée
De l'amour devient l'hôpital.

Voyez ces financiers cupides,
Maîtres dupeurs de bien des sots,
Au jeu, dans leurs calculs rapides,
D'or accumuler des monceaux :
La fortune, qui d'eux se joue,
En ressaisissant leur métal,
Leur fait, par un seul tour de roue,
Donner Clichy pour hôpital.

Qui ne sait donc point que la vie,
Pleine d'événements divers,
Par les voluptés asservie,
Est exposée à des revers ?
Jean livre à certaine infidèle
Un cœur plus pur que le cristal :
Le billet doux qu'il obtient d'elle
Devient un billet d'hôpital.

L'Europe, humaine sans faiblesse,

Ouvre, en sa générosité,

Asile aux sourds, à la vieillesse,

Au malheur, à la cécité.

Il est un souci qu'on oublie,

En notre beau pays natal :

Mais il faudrait, pour la folie,

En France, un trop vaste hôpital.

N'attendez pas que je déroule

Les noirs tableaux d'Ézéchiel ;

Sur l'ambition qui s'écroule

Je ne veux point verser de fiel.

Si j'enlevais aux misérables

L'espoir, ce baume oriental,

On m'offrirait les Incurables

Ou Charenton pour hôpital.

Albert-Montémont.

A MON AMI VEISSIER,

Le jour de la St-Honoré son patron.

Air : Déguisez-vous.

Quand, au milieu de sa carrière,
On jette un regard en arrière,
Chacun dit : maris ou garçons,
    Nous vieillissons.
Mais si, pour en fournir le reste,
Nous avons l'œil vif, le pied leste
Et l'esprit libre d'embarras,
    Nous ne vieillissons pas.

Sur notre tête grisonnante,
Quand du temps la faulx menaçante
Fait chaque jour, d'amples moissons,
> Nous vieillissons.
Mais, nous rappelant notre aurore,
Tant que notre cœur bat encore,
Quoiqu'en disent nos almanachs,
> Nous ne vieillissons pas.

Quand une semaine se passe
A faire constamment la classe,
Sous le joug que nous subissons,
> Nous vieillissons.
Qu'une fête carillonnée,
Nous laisse, toute une journée,
Sans nos écoliers sur les bras,
> Nous ne vieillissons pas.

Je me souviens aussi qu'à table,
Jadis, plus d'un convive aimable,
Nous égayait par ses chansons...
  Nous vieillissons.
Nous qui maintenons cet usage
Qui déride le front du sage,
Nous dirons jusques au trépas,
  Nous ne vieillissons pas.

A composer même un volume,
Souvent notre esprit se consume,
Plus encor que nos caleçons,
  Nous vieillissons.
Mais nous travaillons pour la gloire,
Et lorsqu'au temple de Mémoire
Anacréon guide nos pas,
  Nous ne vieillissons pas.

Oui, lorsque dans la solitude

Livrés aux soucis de l'étude,

Sur les auteurs nous pâlissons,

Nous vieillissons.

Mais, avec de bons camarades,

Buvant rasades sur rasades,

Comme dans ce joyeux repas,

Nous ne vieillissons pas.

F. DE CALONNE.

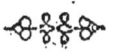

A VEISSIER DESCOMBES,

Le jour de St-Honoré sa fête.

Air : De Molière à Lyon.

Des héros de l'antiquité,
Si je voulais chanter la gloire,
Je risquerais en vérité
De faire tort à leur mémoire.
Mais, pour célébrer l'amitié.
On peut bien, négliger son style :
Lorsque le cœur est de moitié } *Bis.*
Un ami n'est pas difficile.

Honoré fut un très-grand saint,
Suivant une antique légende ;
Son souvenir n'est pas éteint,
Aux gourmets il se recommande,
Franc marmiton, toujours au feu,
Il inventa les tartelettes...
Mais le nôtre en diffère un peu, } *Bis.*
Car, il ne fait pas de boulettes.

Enfant chéri d'Anacréon,
Honoré, qu'aujourd'hui je chante,
Bien autrement que son patron,
Et nous séduit et nous enchante ;
L'un fournit à notre appétit,
Le pain, soutien de l'existence,
Le nôtre alimente l'esprit } *Bis.*
Par le nectar de la science.

Je me souviens avec bonheur
Qu'étant sur les bancs du collége,
D'être sous un tel professeur
J'eus souvent l'heureux privilége.
Je prenais goût à ses leçons,
J'en conserve la souvenance ;
Si j'attrapais quelques pensums ⎫ *Bis:*
J'étais sûr de son indulgence. ⎭

Par une élégante chanson,
Quelquefois sa muse légère,
De sa lyre baissant le ton,
Nous charme d'une autre manière.
Soit qu'il célèbre l'hôpital
Ou la tricolore cocarde,
On est toujours sûr au total ⎫ *Bis.*
En lui de retrouver un barde. ⎭

Il n'est plus pour moi, maintenant,
Qu'un aimable et bon camarade,
Et pour le fêter dignement
A sa santé buvons rasade.
Pour moi, c'est un devoir sacré,
Et je répète à cette table,
Si ton patron fut Honoré, ⎫
Tu seras toujours honorable. ⎭ *Bis.*

F. OLIVIER.

Ste-GENEVIÈVE ET S_t-HONORÉ.

Air : De ma Céline amant modeste.

La plus agréable missive
M'apprit que dans ce gai séjour,
Par une amitié franche et vive
J'étais convié dans ce jour.
Devant ta Sainte Basilique,
Je passai sans t'offrir mes vœux...
Sur cet oubli peu catholique,
Geneviève, ferme les yeux !

Ce qui me vaut ton indulgence,
Dans ce jour à Dieu consacré,
C'est que j'allais plein d'innocence,
Célébrer un Saint-Honoré...
Pour un Saint !... quoi ! chacun s'écrie,
Négliger un ange des cieux !...
Sur mon peu de galanterie,
Geneviève, ferme les yeux !

Saint Honoré, dans les légendes
Est classé comme un des premiers
De la Phalange des plus grandes
Des industrieux panetiers ;
Le nôtre, quoique sans reproches,
N'est pas un geindre très-fameux....
Ah ! sur plusieurs de ses brioches....
Geneviève, ferme les yeux !

Notre Honoré, qui te revère,
Conserve un bien doux souvenir
Du miracle qui vit Nanterre
Et t'exalter et te bénir ;
Tes petits pains au lait, je pense,
Lui sembleraient délicieux,
Ah ! sur tant de concupiscence,
Geneviève, ferme les yeux !

Saint Honoré, dans sa jeunesse,
A fait hélas ! quelques faux pas ;
Notre Honoré, de sa faiblesse
Franchement ne se défend pas ;
Il aime, comme les bons drilles,
Et jeunes tendrons et vins vieux...
Sur ses nombreuses peccadilles,
Geneviève, ferme les yeux !

De *Lucrèce* chaste patrone,
Les grands hommes du Panthéon
N'ont pas tous acquis la couronne
Que tresse la religion...
Un tel voisinage inquiète
Notre Honoré, qui, bon, pieux,
T'offre un autel en sa chambrette...
Geneviève, ferme les yeux !

Mais chut ! qu'entends je ! est-ce un cantique
Qui résonne ?... demandes-tu...
Son texte, mondain ou biblique,
Peut-il déflorer ma vertu ?...
—Nous chantons les belles... la treille...
Bonne Geneviève, tu peux
A nos refrains prêter l'oreille...
Si sur eux tu fermes les yeux !

ALPH. SALIN.

A M. Honoré Veissier Descombes.

COUPLETS POUR LE JOUR DE SA FÊTE.

Air : De Calpigi.

J'aime à venir en cet asile
Joindre mon bout de vaudeville,
A plus d'un couplet préparé
En l'honneur du cher Honoré...
Par lui je me sens inspiré !...
C'est l'ami du bon De Calonne,
Titre qu'en jaloux je lui donne ;
C'est un confrère, un chansonnier :
Honorons Honoré Veissier.

Il dit, dans un refrain bachique ;
Tout se fait à la mécanique ;
Mais il n'est pas de ces faiseurs
Mercantiles littérateurs,
Spéculant sur l'oubli des mœurs...
Toujours digne fut sa Minerve,
Du Moka, bien qu'il nous le serve,
Il ne fut jamais épicier :
Honorons Honoré Veissier !...

Il est franc buveur et bon drille ;
Mais près de lui la jeune fille
Au front candide, au teint vermeil,
Peut goûter l'attrait du *sommeil*,
Sans craindre un dangereux réveil.
Jamais il n'ouvrira *la porte*
A la licence qui n'apporte
Que des mots à justifier :
Honorons Honoré Veissier.

Enfants qui suivez ses préceptes,
Restez fiers d'être ses adeptes,
De l'écouter soyez jaloux :
Le grec, il sait le rendre doux ;
Ce n'est plus de l'hébreu pour vous...
Par le bon goût, la poésie,
De votre esprit qu'il fortifie
Il est le père nourricier :
Honorons Honoré Veissier.

Amis, couronnons-le de roses!
Après mille métamorphoses,
Peut-être que d'*Anacréon*
L'âme et l'esprit changeant de nom,
Ont pris Veissier pour Panthéon...
Le traducteur, par ce dilemme
N'est autre que l'auteur lui-même ;
Ici pour l'en glorifier,
Honorons Honoré Veissier.

L'honneur n'est pas la seule offrande
Qu'Honoré tout bas nous demande ;
C'est de l'amitié qu'il lui faut,
Voilà pour lui le meilleur lot,
Rien alors ne lui fait défaut...
On le choie ici comme un frère,
L'affection la plus sincère
A tous ses vœux vient se plier :
Le bonheur est donc à Veissier !

Aug. Giraud.

HONORÉ !

Air : Du Vaudeville de l'Artiste.

Amis, certaine lettre
M'apprend en mots joyeux,
Qu'à table, on doit se mettre
Vers une heure, en ces lieux;
Loin d'être diplomate,
D'un accent assuré,
Je dis : L'avis me flatte,
Et j'en suis *Honoré*.

De crainte de méprise,
De crainte de mic-mac,
Ce matin sans feintise,
J'avais lu l'Almanach ;
J'y lus un nom sonore
Par le ciel consacré.
Je saluai l'aurore
De la *Saint-Honoré*.

Vous tous, que l'industrie
A mis dans le pétrin,
Contre votre patrie
Point de fâcheux levain !...
Il vous montra la route,
Ce grand saint révéré !...
En faisant mainte croûte,
Honorez *Honoré*.

J'honore la vaillance,...
L'Aï..., le clos Vougeot...
La beauté,... la science,...
La perdrix,... le turbot...
J'honore matelotte,...
Rôt,... entremets sucré...
J'honore la Charlotte ;...
Et j'honore *Honoré* !

Honorons Paul,... Magloire,...
Boniface,... Augustin ;
Honorons Jean,... Grégoire,...
Chrysostôme,... Martin ;...
Honorons Joséphine,...
Honorons Luc,... André ;
Honorons Honorine,
Honorons *Honoré.*

Quand l'amitié nous guide
A l'appel d'un bon cœur,
Notre pas est rapide,
Nous courons au bonheur !...
D'une douce alliance
Le nœud est resserré ;...
Dans cette circonstance
Chacun est *Honoré* !

CH. SALIN.

A MON AMI VEISSIER,

Le jour de la St-Honoré, sa fête.

Air : Du carnaval de Meissonnier.

Mon cher Veissier, je sens bien qu'avec l'âge,
Ma verve hélas ! s'épuise chaque jour ;
Le temps flétrit, comme un souffle d'orage,
Fraîcheur d'esprit et tendres fleurs d'amour.
Mais s'il s'agit de célébrer ta fête,
Ma muse alors veut se mettre sur pié,
Et sans effort je tire de ma tête
Quelques couplets pour chanter l'amitié.

J'entends souvent dire que les années
Perdent nos goûts, notre esprit, nos penchants :
Ne craignons pas que des âmes bien nées
Perdent jamais leurs nobles sentiments.
Si des humains la triste expérience
Nous fait parfois voir le monde en pitié,...
Tu nous soutiens, ô douce souvenance
Des premiers temps d'une franche amitié !

Aux vifs plaisirs d'une ardente jeunesse
Succède, amis, un bonheur plus certain ;
L'homme vingt fois trahi par sa maîtresse,
Se jette enfin dans les bras de l'hymen.
Ce joug si doux qui captive son âme,
Avec l'amour l'a réconcilié ;
Mais dans son cœur tout épris de sa femme,
Il reste encor place pour l'amitié.

Depuis le temps que nous vivons ensemble,
Plus doux accord peut-il se désirer ?
Cher Honoré, si l'un de nous deux tremble,
C'est sur l'instant qui doit nous séparer.
Que la gaîté toujours nous accompagne,
Que notre sort soit par tous envié,
Et cimentons, en sablant le Champagne,
Jusqu'à la fin notre vieille amitié.

F. DE CALONNE.

A MON HONORABLE AMI,

HONORÉ VEISSIER DESCOMBES,

21 mai 1843.

Air : de l'Intérieur de l'étude.

Qui de nous peut songer au Louvre,
A ses amis, à sa grandeur,
Quand l'ami Descombes nous ouvre
Sa porte, sa table et son cœur?
En ces lieux, l'âme satisfaite,
D'un cercle d'amis entouré,
Sa fête devient notre fête,
Chacun de nous est *Honoré*.   (*Bis*)

Au sein d'un aimable délire
Bacchus nous transporte à Paphos,
Et j'entends résonner la lyre
Du jeune vieillard de Théos.
Verse à la France réjouie,
Le vin dont il s'est enivré :
Grâce à toi dans notre patrie
Anacréon est *Honoré*. (*Bis*)

De l'état verbeux mandataires
C'est peu de dire aux électeurs,
Que vous viviez sans *honoraires*,
Que vous méprisiez les *honneurs*.
Inventez donc pour vos semblables
Un petit bonheur assuré ;
Tâchez surtout, *mes honorables*,
Que votre nom soit *Honoré*. (*Bis*)

Que *Pomaré* sur son rivage
Inaugure notre étendard ;
La vertu de cette sauvage
Ne vaut pas celle du *Pomard*.
Que Pâris lui donne la pomme ;
A la table de Pomaré
Où naguère on mangeait de l'homme,
Je ne serais pas *Honoré*. (Bis)

Jouis de ton droit de naissance,
Ton prénom n'est pas supposé ;
Trouverait-on dans notre France
Un citoyen mieux baptisé ?
Plus qu'un illustre misérable
Que la fortune a décoré,
Tu seras toujours honorable,
Tu seras toujours *Honoré*.

Ton ami, A. JACQUEMART.

TABLE DES CHANSONS.

	Pages.
Les beaux jours du Caveau.	7
Je suis garçon.	13
Le Moka	21
Tout se fait à la mécanique,	29
Le sommeil	35
La clé.	43
La pomme.	51
Le lapin.	61
Il faut peu de place au bonheur.,	69
La cocarde.	75
L'hôpital.	81
Il faut que tout le monde vive.	89
L'enfant du caveau.	95
Le ciel pour tous, ici chacun pour soi.	103

Un peu de tout.	111
Ah ! ne m'oubliez pas..	119
La carotte.	125
L'opinion.	133
Le pauvre enfant	141
Le fer-blanc.	149

CHANSONS DIVERSES ADRESSÉES A L'AUTEUR.

La Saint-Honoré	157
Réponse à l'hôpital	159
A Veissier Descombes le jour de sa fête. .	165
A Veissier Descombes le jour de St-Honoré.	169
Ste-Geneviève et St-Honoré.	173
Couplets pour la saint-Honoré. . . .	177
Honoré.	181
A mon ami Veissier Descombes. . . .	185
A mon ami Honoré.	187

www.ingramcontent.com/pod-product-compliance
Lightning Source LLC
Chambersburg PA
CBHW071950110426
42744CB00030B/738